Mein Buch vom Januar

Mein Buch vom

JANUAR

von

Liane Dirks

Sanssouci

Eis

Ein großer Teich war zugefroren,
die Fröschlein, in der Tiefe verloren,
durften nicht ferner quaken noch springen,
versprachen sich aber, im halben Traum,
fänden sie nur da oben einen Raum,
wie Nachtigallen wollten sie singen.

Der Tauwind kam, das Eis zerschmolz,
nun ruderten sie und landeten stolz
und saßen am Ufer weit und breit
und quakten wie vor alter Zeit.

Johann Wolfgang von Goethe

Inhalt

Zur

EINSTIMMUNG

Ist es nicht herrlich, an einem langen Winterabend beisammenzusitzen, das Feuer lodert im Kamin, die Kerzen flackern, in den Gläsern dampft der heiße Glühwein ... Man erzählt Geschichten und packt Erinnerungen aus und irgendwann auch die alten Fotos, die von damals, als wir noch Kinder waren. Und jedes Mal staunt man erneut, wie sich im Kindergesicht schon der Ausdruck des Erwachsenen erkennen lässt und, umgekehrt, im Erwachsenen noch immer das Kind. Die Ähnlichkeiten können so verblüffend sein, dass wir lachen müssen, aber auch nachdenklich werden: War denn immer alles schon da? Ist das Leben vorgegeben? Wohin geht unsere Reise?

Viel zu selten gönnen wir uns dieses Innehalten, obwohl es doch so guttut. Es sind Momente der Besinnung, der Winter legt sie uns nahe und insbesondere der Januar, denn dies ist der Monat des Anfangs. Und noch etwas fällt auf: die großen Augen, die wir als Kinder hatten. Der wache, freudige Blick, die Fähigkeit zu Staunen. Jeder Tag war ein neuer Tag und jeder Augenblick ein Anfang.

So beginnt auch das Jahr, immer wieder neu. Natürlich haben wir inzwischen unsere Erfahrungen gemacht, und die haben uns auch einiges gelehrt. Aber was eigentlich? Sind nicht Offenheit und Freude noch immer der beste Weg, dem Leben zu begegnen? Erfahrungen formen unsere Identität – denken wir. Und das ist sicher richtig. Doch die Bereitschaft, sich immer wieder auf alles, was uns begegnet, einzulassen, ist sie nicht viel wichtiger? Ist das nicht die Voraussetzung, sich zu entwickeln, zu wachsen?

Der Dichter Christian Morgenstern hat es so formuliert: »Man sieht oft etwas hundert Mal, tausend Mal, bevor man es zum ersten Mal sieht.«

Um das zu können, muss man die Augen aufmachen, und dazu will dieses Buch Sie einladen:

Entdecken Sie den Monat Januar, jetzt ist das Jahr noch ein Kind. Wer das Wesen dieses Monats versteht, der findet auch den kleinen Abenteurer in sich wieder: bereit zu staunen, bereit zu leben, bereit zu lieben. Also: Augen auf, Herz auf und eintauchen ...

DER JANUAR –

was für ein Monat!

Seltsam – der Januar fängt zweimal an: Da ist zunächst das Fest, der Jahreswechsel, bombastisch; prächtiger, aufwendiger, lauter geht es nicht. Kracher, Böller und Raketen, das große Glockenläuten um Mitternacht, ob Schiffssirenen, die das neue Jahr begrüßen, oder der Posaunenchor, Big Band oder DJ, Jubel, Trubel und Musik sind allgegenwärtig. Silvester ist das größte Fest, das wir gemeinsam feiern. Und das hat Tradition, denn wenn auch der 1. Januar nicht immer als Jahresanfang galt, so wurden doch seit eh und je lärmend die alten Geister vertrieben und die neuen, die Lebensgeister, feierlich begrüßt. Eine grandiose Eröffnung für einen Monat, aber auch eine heftige. Kaum verklingt das Fest, zieht Katerstimmung ein, die ersten Tage des Januars sind verhalten, still. Eine Art Verzögerung setzt ein, noch hat man ein paar Urlaubstage, noch steht der geschmückte Weihnachtsbaum im

Wohnzimmer, noch ... Noch ist es nicht so weit, richtig loszulegen. Erst wenn am 6. des Monats das Fest der Heiligen Drei Könige gefeiert wird, wenn die Christbäume abgeschmückt am Straßenrand stehen, die leeren Sektflaschen entsorgt sind und die Papphülsen von Böllern und Raketen vom Gehweg gefegt, dann beginnt das Jahr richtig und mit ihm der Januar.

Es ist wie in der Oper: Auf den fulminanten Auftakt folgt erst einmal die getragene Ruhe des ersten Akts. Doch aufgepasst: Ehe wir uns umdrehen, sind wir schon mitten im Geschehen. Mit der Liebe ist es übrigens auch so: erst der Rausch, dann eine kleine Ernüchterung, und schon setzt der Alltag ein mit all seinen Konflikten.

Die Zeitspanne zwischen dem 25. Dezember und dem 6. Januar hat mehrere Namen. Zum einen sind es die »heiligen Tage«, zwischen der Geburt Christi und seiner Offenbarung als Gott. Zum anderen sind es die »Raunächte«, in denen dem

Volksglauben nach alle nur vorstellbaren Geister, Hexen und Teufel kräftig aufmischen. »Zwölf Nächte« ist ein weiterer Begriff für diese Zeit, in der das Leben seltsam unbestimmt erscheint, auf der Kippe zwischen Gut und Böse, zwischen heilig und profan. Wie gut ist es, jetzt innezuhalten, den Anfang auszukosten. Der Januar ist der Hüter der Schwelle, der Wächter des Neubeginns. Als solcher kann er auch anstrengend sein: Dann dehnen sich die kalten Tage, es wirkt, als wolle der Winter niemals aufhören, als sei alles eingefroren. Doch genau das sind die Momente, in denen sich entscheidet, wohin die Reise geht, in denen es unterschwellig arbeitet.

Es gibt keine weiteren Feste im Januar; wenn die ersten Tage erst vorüber sind, setzt konzentrierte Stimmung ein. Plötzlich weiß wieder jeder, was zu tun ist. Die Natur gibt es vor. Ob die Winter streng sind oder mild, wir müssen handeln, organisieren, Pläne schmieden. Der erste Monat im

Jahr verlangt Konzentration auf das Wesentliche. Im silbernen Mondlicht einer klaren Winternacht wird seine Stimmung geradezu greifbar. Und auch wenn das Sonnenlicht auf eine weite, schneebedeckte Landschaft fällt oder die bizarren Formen des Raureifs das Licht reflektieren – die Konturen sind scharf. Klarheit ist die Grundstimmung des Januars. Silbern ist sein Licht. Wussten Sie, dass Silber von allen Metallen am besten leitet? Der Januar ist ein Monat voll hoher Energie, wer jetzt weiß, was er will, der kann viel erreichen. Und damit wir uns nicht zu sehr verausgaben, werden uns die langen Winterabende zum Entspannen geschenkt. So lehrt uns der Monat, den Anfang zu kultivieren. Langsam, langsam wächst man dann in das heller werdende neue Jahr hinein.

Wie der JANUAR *zu seinem* NAMEN *kam*

Ein Gott gab ihm seinen Namen, und wie sollte es anders sein, es war der altrömische Gott des Anfangs: *Janus*. Noch vor den Römern verehrten ihn die Etrusker, und wie es sich für einen Gott des Anfangs gehört, wusste keiner, woher er kam. Zwar haben sich später Sagen gebildet, in denen auch *Janus* Eltern hatte, doch zunächst war er einfach nur da. Wie die Sonne, mit der der Tag beginnt, und mit ihr hat man ihn auch gleichgesetzt. Einen wirklichen Anfang gibt es allerdings nur einmal. Es lässt sich bestens rätseln über diesen Urknall, doch fest steht: Von da an gibt es immer etwas, auf das wir uns beziehen. Wir nennen es Vergangenheit. Janus hat deshalb zwei Gesichter, mit dem einen schaut er zurück, mit dem anderen blickt er in die Zukunft. Das eine Gesicht ist alt, das andere jung, er kann nach vorn und nach hinten blicken, *Janus geminus*, »der Zwillingsgott«, wurde er deshalb auch genannt. Ein guter Gott, um mit ihm das Jahr beginnen zu lassen, aber nicht nur das. Auch den Morgen widmete man ihm und grundsätzlich die ersten Tage eines jeden Monats, die sogenannten *calendae*. An diesen Tagen waren die Zinszahlungen fällig, man trug sie in ein *calendarium*, ein Schuldenverzeichnis, ein. Daher rührt die Bezeichnung »Kalender«, bei den Römern hieß dieser *fasti*. Zwölf Janus-Tempel gab es in Rom, so viel wie die Monate. Nach ihnen nennt man noch heute einen Hügel Roms den *Giannicolo*. Daneben hatte jeder römische Haushalt einen Janus-Altar. Janus war Hüter der Tore, des Eingangs und des Ausgangs, sein Abbild fand sich auf Durchgängen und an Brücken. Er war Beschützer der Quellen, er förderte das Wachstum, regelte die Fortpflanzung und gab dem politischen Leben die Richtung vor. Mit einem goldenen Schlüssel öffnete Janus die »Tore der Macht« – Symbol für die aufsteigende Kraft der Sonne – zur Wintersonnenwende. Ein silberner Schlüssel öffnete die »Tore des Menschen« – die Erdkraft – zur Sommersonnenwende. Mit all diesen wunderbaren Gaben ausgestattet, wurde er als Herrscher des goldenen Zeitalters am 1. Januar gefeiert. Interessanterweise ließ man an diesem Festtag keineswegs die Arbeit ruhen. Im Gegenteil, man tat, so viel man konnte, allerdings nur, was einem Spaß machte, in der Hoffnung, genau dieses würde zu Erfolg und Wohlstand führen. Eine Art Glücksformel also, mit der man den Januar begann.

Offizieller Jahresbeginn wurde der Januar allerdings erst 153 v. Chr. mit der Einführung des konsularischen Jahres; am 1. Januar war Amtsantritt der neuen Konsuln in Rom. Schließlich teilte Cäsar im Jahr 46 v. Chr. das Jahr und die Monate in einer umfassenden Kalenderreform so ein, wie wir es heute kennen.

Erst im sechzehnten Jahrhundert besserte Papst Gregor XIII. nach, der gregorianische Kalender ist bis heute gültig.

Und wie viele Versuche gab es in der Zwischenzeit, den Januar bei anderem Namen zu nennen ... Doch selbst Karl der Große scheiterte mit seinem »Wintermonat«. Vereinzelt hieß der Januar »Hartung«, ein sprechender Name: Der Winter war früher für Mensch und Tier ein harte Zeit. Auch die Bezeichnung »Wolfsmonat« findet sich. Die Tiere haben jetzt Paarungszeit, ihr Heulen ist weithin zu vernehmen. »Schneemonat« und »Eismonat« verstehen sich von selbst, doch all diese Umschreibungen waren nichts gegen den janusgesichtigen Gott. Anfang und Ende. Wenn auch unsere Zeitvorstellung eine lineare ist, das Leben ist rund und fängt zum Glück immer wieder von vorn an.

Alle
WETTER!

Ist der Januar hell und weiß, wird der Sommer sicher heiß.« Der Januar ist der Wetterprophet unter den Monaten, kein anderer vereint derart viele Bauernregeln auf sich. Von der genauen Beobachtung des Januarwetters versprach man sich Auskunft über den Verlauf des ganzen Jahres, und es wurde nicht nur beobachtet, sondern auch kräftig orakelt. Zum Beispiel mit dem Zwiebel-Orakel: Man halbiert eine Zwiebel, zerlegt sie in zwölf halbkreisförmige Schalen, pro Monat eine und salzt die kleinen »Bote«. Durch das Salz ziehen die Schalen Wasser, und je mehr sie dies tun, um so regnerischer wird der betreffende Monat. Was das Wetter angeht, verlässt man sich heutzutage – anders als beim Schicksal – lieber auf die Wetterstationen. Mehrere Dutzend davon überziehen das Land, und der Bauernregel, dass auf einen kalten Winter ein heißer Sommer folgt, geben ihre Auswertungen nur zu sechzig Prozent Recht.

Stahlblauer Himmel, schneebedeckte Landschaften, klirrende Kälte sind für die einen ein Wintermärchen, für die anderen ein Grund, in den Süden zu fliehen. Während den Sommer alle Menschen lieben, scheint die kalte Jahreszeit eine Frage der Vorlieben zu sein. Man mag sie, oder man mag sie nicht. Nur wenn es schneit, dann ist jeder verzaubert. Insbesondere beim ersten Schneefall im Jahr werden wir wieder Kinder, staunen und drücken uns an den Fensterscheiben die Nasen platt. Denn Schneefall ist kein Wetter, Schnee ist eine Stimmung, Zauberei.

Wussten Sie, dass jede Schneeflocke einzigartig ist, ein echtes Unikat? Nur eines haben sie gemeinsam: Ihre Grundstruktur ist immer sechseckig, die Form entspricht der Molekularstruktur des Wassers. Alles andere aber ist Rätsel, wahrscheinlich hat die individuelle Form einer Schneeflocke mit ihrem »Leben« zu tun: Je nachdem, wie sie in den Wolken umhergewirbelt wurde, bildet

sie sich aus. Kann es ein schöneres Gleichnis geben für die Vielfalt des Lebens? Die zarten Sternchen bestehen zu sechsundneunzig Prozent aus Luft, deshalb schweben sie auf die Erde herab. Die größte jemals gemessene Flocke hatte einen Umfang von zwölf Zentimetern. Aus dem Märchen kennen wir sie als Schneekönigin, sie regiert ein ganzes Reich. So kann aus Wetter Fantasie werden. Wer es handfest mag, der formt aus den vielen, vielen Flöckchen Schneebälle, Schneemänner, Schneeburgen oder benutzt das kühle Weiß zum Schlitten- oder Skifahren.

Das Volk der Inuit hat übrigens für Schnee zwei Wörter und nicht hundert, wie es die *New York Times* einst meldete. Ein Wort für herabfallenden Schnee und eines für liegenden. Alle anderen sind Wortzusammensetzungen. Der Poesie eines verschneiten Januartages nimmt diese Erkenntnis allerdings nichts, im Gegenteil: Zauberhaftes ist immer unsagbar.

DIE NATUR

im Januar

Wenn Väterchen Frost die Natur im Griff hat, ist die Sache klar: Die Nächte sind schwarz, die Tage blau, die Luft ist sauber und der Himmel so nah, dass man meint, mit ausgestrecktem Finger ein Loch hineinbohren zu können. Mit Silberglanz poliert die Kälte die Natur. Bizarre Raureifkrusten rahmen Zweige und vom Herbst vergessenes Blattwerk ein, Eisskulpturen türmen sich an Bachläufen auf, die zugefrorenen Seen ähneln matten Spiegeln, mit denen die Erde den Himmel reflektiert. Nein, die Natur ruht nicht, sie vibriert vielmehr vor Wachheit. Wie erfrischend ist jetzt ein Spaziergang. Konzentration und Spannkraft machen die Atmosphäre dieses Monats aus, und die überträgt sich auch auf uns. Da reicht schon eine Stunde – eine Stunde, in der man alles ganz scharf sieht: die Umrisse der Bäume zum Beispiel. Als vielarmige Göttin zeigt sich die Eiche, raumgreifend, vom

Boden bis zum Himmel, streckt sie ihre Äste aus. Die Krone der Hainbuche gleicht einem Pfauenrad. Birken erkennt man leicht an ihrer Rinde. Wie aber unterscheidet man die Erle von der Pappel? Gehen Sie mit einem Bestimmungsbuch auf Ihren Winterspaziergang, es ist mehr als eine Schule des Sehens. Die hingetuschte Silhouette eines Bergahorns scheint etwas von seinem Charakter zu vermitteln. Die Stabilität des Walnussbaumes gleicht seiner Frucht, der Walnuss: Nervennahrung, nichts kann mich erschüttern, scheint er zu sagen. Die Grazie einer Magnolie nimmt schon fast den Frühling vorweg. Das zottelige Kleid des Weißdorns weist jegliche Sanftheit zurück, richtig wild sieht das kleine Bäumchen aus, man möchte ihm wahrlich nicht zu nahe kommen. Und das sollte man auch nicht, die Dornen des auch buschartig wachsenden und zur Familie der Rosen gehörenden Gewächses sind fest und spitz. »Hagedorn« wird der Weißdorn im Volksmund genannt oder

»Hüter der Schwelle«. In den nordischen Mythen ist der Baum weiblich, die *Hagazussa*, »die Hexe, die auf dem Zaun sitzt«. Und tatsächlich pflanzt man Weißdorn wegen seiner dornenbesetzten Zweige gern als Abgrenzung. Doch nichts ist eindeutig in der Natur, und schon gar nicht im janusköpfigen Januar. Die Wirkung des Weißdorns als Heilpflanze ist genau gegenteilig, er öffnet und stärkt das Herz und reguliert den Blutdruck. Für einen Tee überbrüht man zwei Teelöffel getrocknete Blüten und Blätter mit einem halben Liter kochendem Wasser, zehn Minuten ziehen lassen und schluckweise trinken. Aus den roten Früchten lässt sich Marmelade kochen. Früher waren sie ein wichtiger Bestandteil der Arme-Leute-Küche, heute ist ein Weißdorn-Apfel-Gelee eine Delikatesse.

Etwas Gutes, Wohltuendes braucht man, wenn sich der Januar von seiner anderen Seite zeigt: dunkel, neblig, grau und stürmisch. So, dass man am liebsten gar nicht rausgehen würde. Doch gerade dann, wenn es milder wird, wachsen auch schon wieder die ersten kleinen Seelentröster. »Schnee-Durchstecher« heißen sie im Volksmund, »Milchblume« oder »Weiße Jungfrau«. Das zarte Schneeglöckchen rührt wirklich jeden an, es ist die Blume des Monats.

BLUME DES MONATS:

Das Schneeglöckchen

Einer Legende nach schuf Gott zuletzt den Schnee, doch er gab ihm keine Farbe. So ging der Schnee reihum von einer Blume zur anderen, aber keine wollte ihm ihre Farbe schenken. Bis er zu der kleinen, zierlichen Blume kam, deren Blüte einem Glöckchen gleicht. Sie bot ihm ihr Weiß an, und seitdem ist sie die einzige Blume, die in seiner Nähe blühen darf. *Galanthus nivalis* ist die botanische Bezeichnung des Schneeglöckchens, das zur Gattung der Amaryllisgewächse zählt. Sein Name leitet sich aus dem Griechischen ab, *gála* bedeutet »Milch« und *ánthos* »Blüte«. Seine Heimat ist allerdings nicht Griechenland, sondern der Kaukasus. In unseren Regionen ist der zarte Frostbrecher eine Gartenpflanze, seine Wildform ist selten und steht deshalb unter Naturschutz. Alle Pflanzenteile sind giftig, in niedrigen Dosen ist das in der Zwiebel enthaltene *Galanthamin* allerdings ein Heilmittel.

Bisher war die Wirkung vor allem im Kaukasus bekannt, wo alte Menschen Schneeglöckchenzwiebeln gegen Gedächtnisschwäche und andere Alterserscheinungen essen. Inzwischen ist wissenschaftlich nachgewiesen, dass die Substanz die Folgen der Alzheimer-Erkrankung lindert. Der Bedarf ist so groß, dass *Galanthamin* synthetisch hergestellt werden muss. Um uns erinnern zu können, dass es wieder Frühling wird, produziert das Schneeglöckchen Wärme, eine sogenannte Biowärme von immerhin acht bis zehn Grad. Sie lässt den Schnee rings um die Blätter schmelzen. Schneeglöckchen sind gesellig, in dicken Büschen halten sie fest zusammen. Je wärmer es wird, desto weiter öffnen sich die Blütenblätter, der grüne Punkt im Blütenkelch ist das Signal, »Saftmal« in der Fachsprache, für vorwitzige Insekten, freche Hummeln und Falter, die sich jetzt schon wieder herauswagen.

Schneeglöckchen kann man auch gut in Töpfe

für Balkon oder Fensterbank pflanzen. Nach der Blüte sollte man sie ruhen lassen, also keinesfalls zurückschneiden. Wenn sie sich erstmal richtig wohlfühlen an ihrem Platz, erfreuen sie uns dafür jedes Jahr aufs Neue. Zartheit, Schlichtheit, Eleganz, gepaart mit enormer Durchsetzungskraft – wo sonst findet man diese Eigenschaften vereint?

HEILPFLANZE DES MONATS:

Der Sanddorn

Kaum zu glauben: In klirrender Kälte und beißendem Wind wächst auf kargem Fels ein Busch, dem Schnee und Eis nichts anhaben können. Die Zweige gen Himmel gestreckt, die schmalen silbergrünen Blätter von Raureif bedeckt, lässt er stolz seine kleinen prallen Früchte leuchten: Orange sind sie. Jede Beere ein Kraftpaket, gut geschützt von den langen, spitzen Astspießen, mit denen Bekanntschaft macht, wer das kostbare Gut pflücken möchte.

Sanddorn, lateinisch *Hippophae rhamnoides*, gehört zur Familie der Ölweidengewächse. Seine Heimat ist Tibet und die Mongolei. Das Öl, gewonnen aus den Beeren, wird in Tibet seit eintausendzweihundert Jahren als Heilmittel genutzt. Es ist reich an Vitamin E und mehrfach ungesättigten Fettsäuren. In unseren Regionen findet sich der Sanddorn seit dem Ende der letzten Eiszeit. Er ist eine Pionierpflanze und wächst dort, wo vorher nichts war. Auf Felsen am Meer oder in großen Höhen. Die Ostseeinsel Hiddensee ist geradezu prädestiniert für den Sanddorn. Die stark verzweigten Wurzeln des Busches helfen, Dünen und Böschungen zu befestigen, und bieten sich an als Zaun für Naturschutzgebiete. Doch das Wichtigste am Sanddorn sind die Beeren, und die bieten genau das, was man in der kalten Jahreszeit so dringend braucht: Vitamin C, und zwar zehnmal mehr als die Zitrone. Auch der Gehalt an Beta-Karotin, das der Körper in Vitamin A verwandelt, ist erstaunlich hoch. Dazu kommen noch die B-Vitamine, die uns das Denken erleichtern, eine Mixtur, die das Immunsystem stärkt und vor Erkältung schützt.

Doch wie kommt man dran, an die stachelbewehrten Beeren? Ganz einfach: Man friert die Zweige ein. Der Frostschock schadet den Beeren nicht, sie lassen sich jedoch nun ganz leicht von den Zweigen abschütteln. Roh sind sie allerdings kaum

genießbar. Da die Pflanzen bei uns nicht so ölhaltig sind wie in den Höhenlagen Zentralasiens, ist es der Saft, der die kostbaren Stoffe birgt. Bereits fünf bis zehn zerdrückte Beeren pro Tag reichen aus, dem Körper alle wichtigen Vitamine zuzuführen, das entspricht einem Esslöffel Sanddornmus oder einem Glas Saft. In Joghurt oder Quark gerührt, wird die Medizin auch noch schmackhaft. Mit seinem süßsauren, kräftigen Aroma gibt Sanddorn insbesondere Desserts eine pikante Note.

Regelmäßig verzehrt stärken die orangen Kügelchen auch das Herz-Kreislauf-System und: Sie machen schön. Sanddornöl ist Basis vieler Pflegeprodukte und auch hier insbesondere im Winter bei trockener, rissiger Haut zu empfehlen. Die Cremes gibt es in der Apotheke, die Beeren in der Natur. Denken Sie daran: Sauer macht lustig – eine Nebenwirkung, die man gern in Kauf nimmt.

Im GARTEN und auf BALKONIEN

Wenn auch der Schnee sich wie eine Decke über die Beete legt, die Kälte scheinbar alles zum Erliegen bringt – der Garten lebt. Und er erteilt sogar Unterricht. Das Fach heißt »Struktur«, es ist das Hauptfach eines jeden Gärtners, und jetzt kann man sehen, wo und wie man sie verbessern kann. Die niedrig stehende Wintersonne arbeitet die Konturen geradezu heraus. Und die Konturen sind genau das, was wir an den englischen Gärten so bewundern. Deren Geheimnis ist das Gerüst. Im Winter erfolgt die Planung dafür, jetzt kann man sehen, ob die Hecke eines anderen Schnitts bedarf, wo man mit immergrünem Gehölz Akzente setzen kann, welche Linie im Garten man betonen möchte und welche nicht. Auch die Blickwinkel vom Haus aus sind unverstellt. Sie sehen, wie die Bäume Schatten werfen. Dort muss vielleicht ein Krone ausgelichtet werden oder ein altes Gehölz gerodet, ein schö-

ner Stein inmitten der Wiese wäre ein Blickfang, auch wenn alles kahl ist. Greifen Sie zu Papier und Stift, legen Sie einen Gartenplan an und verbessern Sie in Ihrer Vorstellung, so viel Sie nur können. Suchen Sie sich drei Dinge aus, die Sie realisieren wollen, für einen Garten ist das schon viel. Schrauben Sie Ihre Ansprüche nicht allzu hoch, damit Zufriedenheit einkehrt. Denn darum geht es jetzt auch: ganz in Ruhe durch die Gartenkataloge blättern, schwelgen, träumen. Sind Traumgärten nicht die schönsten? Frei von Schneckenfraß und Sternrußtau? Allerdings, Wunder gibt es auch jetzt. Die Zaubernuss blüht! Eine merkwürdige, faszinierende Pflanze, die aus den lichten Wäldern Ostasiens stammt. *Hamamelis mollis* lautet ihr botanischer Name. Über und über bedeckt der Busch mit seinen krausen, gelben oder roten Blütenblättern die kahlen Äste. Bizarre Büschel, die in die Wohnung geholt noch köstlicher duften als in der kalten Winterluft, süß und betörend.

Wenn es ihnen zu kalt wird, ziehen sich die fingerartigen Blütenblätter zusammen, wird es milder, rollen sie sich aus. Die Zaubernuss will Platz haben im Garten und wird nicht gern beschnitten, das muss man wissen. Am schönsten wirkt sie vor dunklem Hintergrund, einer Eibenhecke zum Beispiel. Doch als Winterblüher ist sie nicht allein. Winterjasmin wagt sich manchmal schon im Dezember hervor. Leicht werden die gelb blühenden Sorten mit Forsythien verwechselt, die erst später im Jahr erblühen. Winterjasmin kann man auch als Kübelpflanze auf Terrasse und Balkon setzen. Wie ein Wasserfall hängen die Rutenzweige über den Stamm. Und auch der Winterschneeball leuchtet mancherorts schon mit seinen weißrosa Blütenkugeln, magisch ist sein Duft, lieblich, süß, an Vanille erinnernd. Am Boden strecken sich die Christrosen aus ihrem dunkelgrünen Blätterkleid hervor, gelbe Winterlinge schieben sich durch dicke Schneedecken, ganz zu schweigen von den unverwüstlichen Gänseblümchen, und am Gehölzrand wollen die Schneeglöckchen viel zu früh den Frühling einläuten – wenn er kommt, müssen sie gehen. Dann beginnt die Gartensaison, jetzt ist noch Traumzeit.

Der besondere Tipp

Es mag vereinzelt blühen, doch was uns fehlt, das ist frisches, junges Grün.

Rucola oder Rauke, so sein deutscher Name, lässt sich leicht auf der Fensterbank ziehen. Säen Sie die Samen nicht zu dicht in feuchte Erde. Verwenden Sie einen schönen Keramiktopf (das Auge isst mit). Nach zehn bis vierzehn Tagen zeigen sich die Sprossen, die man ebenfalls essen kann, weitere drei Wochen, und Sie haben saftige Rucolablätter. Rucola mag es sonnig. Mit seinem mediterranen Flair erinnert er an den Süden und gehört zur südländischen Küche wie Olivenöl, Balsamico und Parmesan. Exakt in dieser Verbindung schmeckt das würzig, nussige Kraut auch am besten – und wirkt gegen Wintermüdigkeit.

WAS VOM MONAT BLEIBT:

Eislichter

Ist es nicht jene Mischung aus grellem Licht und Eiseskälte, die uns in diesem Monat so eigenartig berührt? Das Zusammenspiel von Licht und Eis hat etwas Magisches. Bewahren Sie es in Form von Eislichtern.

Sie brauchen Wasser, einige Schwimmkerzen und Plastikbehälter, ein Gefrierfach und ein wenig Geduld.

Füllen Sie die Plastikgefäße (Quark- oder Margarinebecher) zu zwei Dritteln mit Wasser und lassen Sie sie im Gefrierschrank einfrieren. Danach gießen Sie den Rest mit Wasser auf und geben die Kerzen dazu, sie treiben obenauf. Eine Stunde frieren lassen, jetzt können Sie die Kerzen im angefrorenen Eis noch richtig positionieren. Nun lassen Sie alles vollständig einfrieren. Vom Plastik befreit, kommen die Eislichter in einer schönen Schale zum Einsatz. Vielleicht beim Frühlings-

fest? Langsam schmilzt das Eis, am Ende treibt die Schwimmkerze noch immer auf dem Wasser. Wer mag, friert einige Schneeglöckchenblüten oder Gänseblümchen mit ein. Aus der Winterkerze wird langsam eine leuchtende Blütenschale.

Die TIERWELT

Wie es sich wohl anfühlt, barfuß übers Eis zu gehen? Ungerührt stehen Enten, Teichhühner oder Möwen am Ufer zugefrorener Gewässer, allein der Anblick jagt uns einen kalten Schauer über den Rücken. Die Anatomie der Wasservögel ist wahrhaft raffiniert. Sie können die Temperatur in ihren Füßen bis auf null Grad absenken, deshalb spüren sie keinen Schmerz. Wenn wir unsere Hände längere Zeit in Eiswasser tauchen, werden sie ebenfalls gefühllos, allerdings können wir sie auch nicht mehr bewegen, denn unser Nervensystem ist lahmgelegt. In den Beinen der Wasservögel sind deshalb Fette eingelagert. Sie ermöglichen das ungehinderte Funktionieren der Nerven. Zudem wird das Blut auf komplizierte Art und Weise temperiert. Die Venen umschlingen die Arterien: Richtung Herz wärmt sich das zurücklaufende Blut deshalb langsam auf, Richtung Füße kühlt es sich in den Arterien langsam ab. Eine Meisterleistung der Natur, und dennoch sind sie mitleiderregend, die »lieben Gänschen ohne Schuh«, für die der Schuster keine Leisten hat, wie es im Kinderlied heißt. Aber auch das ist gut so, ist es sehr kalt, sind Wasservögel tatsächlich auf Fürsorge, in Form von Zufütterung, angewiesen. Die Stockente ist bei uns am weitesten verbreitet, sie gehört zur Familie der Schwimmenten, die ihr Futter an der Wasseroberfläche suchen oder gründeln: »Köpfchen in das Wasser, Schwänzchen in die Höh«. Schon bei einer dünnen Eisdecke ist für sie die Futtersuche ein Problem. Ihre Schwestern, die Tauchenten, können in größere Tiefen vordringen, im Winter haben sie es mit der Futtersuche leichter. Stockenten finden sich überall, sie sind anspruchslos, was Umgebung und Futter angeht; sogar bei der Partnersuche sind sie nicht sehr wählerisch. Da darf es auch eine Haus- oder Flugente sein, weshalb wir fast nur noch Kreuzungen zu Gesicht bekommen.

Stockenten verloben sich im Herbst und paaren sich im Januar. Um einen geeigneten Nistplatz zu finden, fliegt das Paar gemeinsam die Umgebung ab, und auch da muss es nicht unbedingt ein Bachlauf oder ein Teich sein. Findet sich kein Gewässer, brüten sie auch in Bäumen, auf Garagendächern und sogar auf Balkonen. Hauptsache, sicher.

Im Wald lässt sich das heisere Bellen des Fuchses vernehmen, für ihn ist jetzt ebenfalls Paarungszeit, »Ranz« genannt. Mehrere Männchen umwerben ein Weibchen, ihre »Kontaktgesänge« klingen weithin. Der Fuchs ist scheu, doch im Winter kann man ihm folgen. Sein leichter Tritt hinterlässt perlenartig aneinandergereihte Spuren im Schnee, er »schnürt«. Wie froh ist die Ente, wenn er auf dem Weg zu einer attraktiven Füchsin an ihr vorübereilt. Andernfalls bleibt ihr nur eins, sich auf das Eis verziehen und dem schnürenden Jäger den Vorteil des Watschelns demonstrieren.

Der JANUAR-MENSCH

Wer jetzt zur Welt kommt, ist geerdet. Es kann gar nicht anders sein. Die Erde ruht in sich, und der Januar leitet ihre ungeheure Kraft weiter. Da ist nichts Unsicheres, nichts Flirrendes, auch nichts Verführerisches. Stabilität pur. Allerdings: Der Himmel ist auch noch da! Und wer je in einer klaren Winternacht den Blick zum Sternenzelt gehoben hat, der weiß von der magischen Anziehungskraft der Januarnacht. Orion ist das majestätischste aller Sternenbilder, jetzt funkelt er am Abendhimmel. Da will man rauf, und so sicher Januar-Geborene mit beiden Beinen auf der Erde stehen, so stark ist ihr Wille, abzuheben. Aufwärts ist die vorgegebene Richtung. Alles bereitet sich zum Durchbruch vor. Während es die Frühlingskinder eher vorantreibt, insbesondere die April-Geborenen, die mächtig nach vorn drängen, sich ausbreiten wollen, sind Wunsch und Absicht bei Januar-Menschen zielgerichtet, sie sind klassische Karrieremenschen. Der Himmel kann gar nicht hoch genug, das Ziel ebenso wenig. Sie wollen den Gipfel erklimmen. Doch der Weg dahin ist steinig.

Viel zu ungemütlich und kalt ist dieser Monat, als dass man vergessen könnte, wie wichtig ein wärmendes Lager ist, die Basisstation. Beneidenswert, Januar-Menschen können beides: sich hehre Ziele setzen und zugleich die notwendigen Schritte dorthin planen. Tapfer gehen sie den manchmal auch mühsamen Weg ihres Lebens, ablenken lassen sie sich dabei gar nicht gern. Nicht nur weil sie pflichtbewusst sind. Sie lieben es, auf diese Art und Weise in der Welt zu sein. Ihr Leben stimmt mit den Erfordernissen des Monats perfekt überein. Jetzt tanzt man nicht auf der Wiese herum, selbst die Wintersportarten haben etwas Zielgerichtetes, Konzentriertes. Skifahren ist etwas völlig anderes als Schwimmen im Meer. Mit Bedacht gehen die Januar-Menschen vor, bisweilen ver-

schlossen und still wie auf einer langen Winterwanderung. Es heißt die richtigen Schritte setzen, vom Weg abkommen wäre gefährlich.

Wer einen Januar-Menschen als Begleiter hat, der darf sich freuen: Auf ihn ist absoluter Verlass. Die Kinder dieses Monats sind treue Freunde und wissen auch den Wert der Familie zu schätzen. Das schützende Haus – sie brauchen es. Von hier aus verwirklichen sie ihre Pläne. Einengen darf sie dabei allerdings nichts.

Die in den letzten Tagen Geborenen haben schon flirrende Frühlingsgefühle in sich. Da schmilzt das Eis bereits, die Lust, sich etwas sinnenfreudiger zu geben, wächst. Und auch die Sehnsucht nach Geselligkeit nimmt zu. Januar-Menschen sind keine Einzelkämpfer, sie wirken nur so, wenn sie allzu versunken ihre Bahnen ziehen. Ab und zu einmal innehalten ist ein wirksames Gegenmittel und genau das, was ihnen guttut.

Worauf er achtgeben sollte

»Der Winter ist ein strenger Mann!« heißt es im Volksmund. Und reden tut so einer auch nicht viel. Manchmal wirken die Kinder dieses Monats zu verschlossen. Keiner weiß, was in ihnen vorgeht. Da hilft nur noch eines: Januar-Menschen sollten ab und zu eine Botschaft aussenden und mitteilen, wo sie gerade in ihrem Leben stehen. Was sie bewegt, wohin sie wollen. Sie sollten ihren nächsten Menschen sagen, dass sie sie lieben. Sie brauchen das.

Auch der Humor ist Mangelware, ab und zu ein Lächeln oder sogar ein Lachen kann nicht schaden. Es lockert nachgewiesenermaßen die Muskeln. Die sind beim Januar-Menschen schnell verhärtet, und die Gelenke werden vom strammen Gang, vom Klettern auf der Karriereleiter schon mal steif. Die guten alten Kniebeugen sind die perfekte Körperübung für die Kinder dieses Monats, damit sie im Auf und Ab des Lebens elastisch bleiben. Und für die Seele? Viel Schlaf und wärmende Bäder. In der Ruhe liegt die Kraft, sagt der Januar.

Alles, was

GUTTUT

Tun Sie es: Ziehen Sie Resümee und schmieden Sie Pläne. Mit dem kalendarischen Jahresanfang hat das gar nicht so viel zu tun. Die Natur legt es nahe. Seit Jahrhunderten, ja, seit Jahrtausenden haben es die Menschen genau jetzt gemacht. Und wie es geht, das zeigt der doppelgesichtige, janusköpfige Monat. Nach hinten schauen und zugleich nach vorn. Das ist nur möglich, wenn man innehält, andernfalls würde man straucheln. Nehmen Sie sich Zeit, die Landschaft Ihres Lebens zu überblicken. Wie sieht sie aus? Wo stehen Sie? Und stehen Sie gut? Oder ist Ihr Weg zu eng, zu steil, zu steinig? Könnte es leichter gehen? Oder suchen Sie größere Herausforderungen, neue Aufgaben?

Solche Bilder können tatsächlich helfen, herauszufinden, was guttut und welche Wünsche man hat. Diese klar vor Augen zu haben, macht es der Verwirklichung um vieles leichter. Schreiben Sie

Ihre Wünsche auf oder malen Sie sie, wie auch immer, die Hingabe an den Augenblick zwischen den Jahren, in den »heiligen Nächten und Tagen« wird zum Geschenk. Auch Ihrer Gesundheit dienen Sie damit. Mit seinem Rhythmus gibt uns dieser Monat vor, was wir brauchen. Versuchen Sie ganz bewusst, die anfängliche Verzögerung einzuhalten, nicht gleich loszupreschen, wieder zurück in die Tretmühle zu gehen. Lassen Sie es gar nicht erst dazu kommen. Wer sich zu Beginn des Monats Ruhe gönnt, dem erwächst Spannkraft. Und die kann man fördern.

Mit vitaminreichem Essen zum Beispiel. Das Wintergemüse Rote Beete vitalisiert mit seinem hohen Gehalt an Mineralstoffen und Spurenelementen, Rot- und Weißkohl wirken entzündungshemmend, Feldsalat ist reich an Vitamin C, Karotten haben einen hohen Zinkanteil – für die Stärkung des Immunsystems unabdingbar. Und fürs Gemüt die Wintergewürze Zimt, Muskat und Kardamom, sie sind Stimmungsmacher, die die Produktion des Glückshormons Serotonin fördern. Bei den alten Ägyptern galt Honig als göttliches Heilmittel. Das flüssige Gold wirkt ideal gegen Erschöpfung, zudem ist Honig entzündungshemmend. Stärken Sie sich für das kommende Jahr und versüßen Sie sich den Neuanfang. Das Geschenk der Tropen ist der Kakao. Wie herrlich warm wird uns bei einer Tasse heißer Schokolade. Die Inhaltsstoffe stimulieren das Nervensystem, wirken blutdrucksenkend und – auch das ist wissenschaftlich erwiesen – berauschend. Und ein wenig Rausch darf schon sein, im strengen, dunklen Winter. Das rechte Maß, den goldenen Mittelweg zu finden – vielleicht wird das ja Ihr Vorsatz für das neue Jahr?

Zwischen den Zeiten

Ein Mensch lebt noch mit letzter List
In einer Welt, die nicht mehr ist.
Ein andrer, grad so unbeirrt,
Lebt schon in einer, die erst wird.

Eugen Roth

Die Weisheit des
FERNEN OSTENS

Auch in der fernöstlichen Tradition steht der Winter für die Kraft der Sammlung, für Konzentration. Er ist aber auch die Zeit zum wohligen Entspannen.

Die Körperübungen des Yogas, die *Asanas*, stellen eine Einheit von Bewegung und Gegenbewegung dar. Deshalb sind es zwei Übungen für den Monat Januar: Bei der einen strecken wir uns gen Himmel, bei der anderen rollen wir uns Richtung Erde ein. Denn darum geht es immer wieder: die Kräfte von Yin und Yang harmonisch zusammenzuführen.

Setzen Sie sich in den Fersensitz, sollte der Spann schmerzen, klemmen Sie ein kleines Kissen zwischen Beine und Po. Gut ausatmen und die Atmung beruhigen, werden Sie ganz gerade und lang, als ob der Scheitelpunkt Ihres Kopfes gen Himmel gezogen wird. Nun strecken Sie die Arme gerade vor sich aus, verschränken die Hände, die Zeigefinger legen Sie gegeneinander zu einem Pfeil. Ziehen Sie die Arme weit über sich gerade in den Himmel: Da will ich hin, zu meinen höchsten Zielen! Halten Sie diese Position eine Weile, und nun gehen Sie zurück zur Erde, in die »kleine Schildkröte«. Ganz langsam legen Sie den Rumpf auf den Oberschenkeln ab, die Hände lösen sich, die Arme liegen, nach hinten weisend, entspannt neben dem Körper. Sie werden ganz rund. Wie wunderbar sich der Rücken dehnt, der Kopf wird durchblutet. Ruhen Sie sich aus und kommen Sie langsam mit der Einatmung wieder zum Sitzen. Der Kreislauf ist angeregt, Sie sind sanft gedehnt, der Januartag kann beginnen.

Die schönen

SEITEN

Draußen kalt und drinnen warm, der ständige Temperaturwechsel belastet die Haut im Winter sehr. Die Haut ist ein Organ, das ausdrückt, wie es uns im Ganzen geht. Trockene Büroluft, überhitzte Busse und Bahnen, Schmuddelwetter, dunkel und grau kann die Welt jetzt sein. Da gilt es, nicht nur den Körper zu verwöhnen, auch die Seele will gebadet sein. Und wenn schon, dann auch gleich im Bad der Königinnen, Kleopatra hat es vorgemacht. Und wie für eine Königin sollten Sie Ihr Badezimmer auch herrichten: Kerzen, Musik, ein Duftlämpchen, ein bisschen Luxus muss sein.

Verrühren Sie zwei Handvoll Salz aus dem Toten Meer mit einer Tasse Honig und zwei Litern Milch. Die Mischung geben Sie ins warme Badewasser, eine wahre Wohltat: Der enzymreiche Honig schmeichelt der Haut, das Meersalz regt den Stoffwechsel an, Sie fühlen sich nicht nur wohlig und sanft nach einem solchen Bad, Sie sehen auch königlich aus.

Sollten Sie unter trockener Haut leiden, können Sie nach dem Bad noch eine Körperpackung auftragen, jetzt ist die Haut besonders aufnahmefähig.

Die Weißdornblüten-Packung braucht etwas Vorbereitungszeit. Sie benötigen zwei Esslöffel Lanolin, drei Esslöffel Mandelöl und einen Esslöffel Weißdornblütentinktur, alle Zutaten gibt es in der Apotheke. Das Lanolin vorsichtig in einem Topf schmelzen, vom Herd ziehen und das Mandelöl unterrühren, zum Schluss gibt man die Tinktur hinzu. Die abgekühlte Creme wird in den ganzen Körper einmassiert. Sie duftet süß und wirkt über Nacht wahre Wunder.

Wem das zu viel Arbeit ist, der gönnt sich einmal wöchentlich ein Gesichtsdampfbad: Dem heißen Wasser gibt man getrocknete Weißdornblüten und einen Esslöffel Honig bei, genau das Richtige nach einem anstrengenden Wintertag. Und denken Sie daran: Freude ist die beste Kosmetik. Sie macht besonders schön.

FESTE *und* BRAUCHTUM

Fängt er auch großartig an, der Januar hat wenige Festtage. Im Mittelpunkt stehen Neujahr und der Dreikönigstag. Da dieser die Weihnachtsfeierlichkeiten abschließt, gelten die zwölf Tage und dreizehn Nächte zwischen Weihnachten und dem Dreikönigstag als ein Zyklus.

1. Januar

Neujahr

Das kalendarische Jahr, das landwirtschaftliche Jahr, das Kirchenjahr – wann Neujahr überhaupt gefeiert wurde, war lange strittig. Papst Innozenz XII. legte 1691 Neujahr endgültig auf den 1. Januar, doch allgemein durchgesetzt hat sich dieses Datum erst im achtzehnten Jahrhundert. Aus dem kirchlichen Fest wurde ein weltliches. Die Segenswünsche galten früher an erster Stelle den jeweiligen Herrschern. Die Tradition des Neu-

jahrsempfangs spiegelt diese Tatsache noch heute. Weiter zurück reicht der Brauch, in der Nacht auf Neujahr, der Silvesternacht, die bösen Geister mit viel Lärm zu vertreiben. Feuerwerk, Glockenläuten um Mitternacht, Orakeln und jede Menge Glückssymbole, vom Kleeblatt über Schornsteinfeger bis hin zu rosa Schweinchen, der Aberglaube wurde und wird kräftig ausgelebt.

Aus dem alten Neujahrssingen, bei dem Chöre von Haus zu Haus gingen, sind die Neujahrs-Konzerte geworden. Man isst Neujahrsbrezeln, Neujahrswaffeln – süß, nährreich und hochprozentig darf die Nahrung sein an einem Tag, an dem sich die Menschen Glück, Gesundheit und Liebe wünschen.

6. Januar
Dreikönigstag

Offiziell ist es das Fest der Erscheinung des Herrn, *Epiphania domini*, die Göttlichkeit Christi wurde offenbar und durch die Anbetung der drei Weisen aus dem Morgenland belegt. Wahrscheinlich handelte es sich bei Melchior, Caspar und Balthasar um babylonische Astronomen. Tatsächlich konnte man zu Zeit von Christi Geburt erstaunliche Himmelsphänomene beobachten, die heute per Computer nachgestellt werden können. Myrrhe, Weihrauch und Gold sollen die Gaben der drei gewesen sein, Geschenke für einen König. Wenn heute die Sternsinger von Haus zu Haus gehen, C + M + B und die jeweilige Jahreszahl auf den Türrahmen schreiben, ist dies ein Segenswunsch, der den Bewohnern gilt, und diese geben den Segen weiter und spenden für wohltätige Zwecke.

Der Weihnachtsbaum wird abgeräumt, die Zeit zwischen den Jahren ist vorbei. In der orthodoxen Kirche hingegen fängt Weihnachten jetzt erst an.

Und so hat der Januar

GESCHICHTE

gemacht

Was heute selbstverständlich scheint, die Gleichberechtigung der Frau, wurde vor gar nicht allzu langer Zeit unter großen Auseinandersetzungen erst errungen. Am 19. Januar 1919 war es so weit, Frauen durften in ganz Deutschland zum ersten Mal zur Wahlurne schreiten. Sie hatten das aktive und passive Wahlrecht errungen. Unsere Nachbarländer Frankreich, Schweiz und Portugal hinkten in dieser Angelegenheit noch lange hinterher.

Und hier weitere markante Beispiele aus den letzten hundert Jahren Januar-Geschichte:

1. Januar 2002

Die Bundesrepublik Deutschland und elf weitere Mitgliedsstaaten der Europäischen Union führen den Euro als gemeinsame europäische Währung ein. 2015 gehören bereits neunzehn Länder der Eurozone an.

3. Januar 1993

Die beiden Supermächte Russland und USA vereinbarten große Schritte zur Abrüstung. Mit dem sogenannten START-II-Abkommen wurden zwei Drittel der strategischen Waffen abgebaut.

10. Januar 1920

Nach dem Ersten Weltkrieg trat der Versailler Vertrag in Kraft, der Deutschland erhebliche Wiedergutmachungsleistungen auferlegte.

13. Januar 1980

Auf dem Bundeskongress in Karlsruhe formierte sich die neue Grüne Partei, die in ihren Anfängen mit unkonventionellen Vorstellungen für politischen Wirbel sorgte.

15. Januar 1985

Großdemonstrationen für die Demokratisierung

des Landes führten in Brasilien zum Abdanken der Militärs.

17. Januar 1995:

Bei einem nur zwanzig Sekunden dauerndem Erdbeben kamen in Japan Tausende Menschen ums Leben.

20. Januar 1986

Schluss mit der Isolation: England und Frankreich beschlossen nach langem Zögern den Bau des Eisenbahntunnels, der die britische Insel unterirdisch mit dem europäischen Festland verbindet.

21. Januar 1924

Lenins Tod löste in der Sowjetunion schwere Nachfolgerkämpfe aus, bei den sich Josef. W. Stalin durchsetzte.

24. Januar 1966

Die indische Politikerin Indira Gandhi wurde Premierministerin und bestimmte die Geschicke Indiens fast zwanzig Jahre lang.

27. Januar 1945

Die Rote Armee befreite das Konzentrationslager Auschwitz. Seit 1996 ist dies der offizielle Gedenktag für die Opfer des Nationalsozialismus.

31. Januar 1958

Die Amerikaner sendeten ihren ersten Satelliten, *Explorer I*, in das Weltall.

GEBURTSTAGS-KINDER

1. Januar 1919

Jerome David Salinger, in New York, Schriftsteller

2. Januar 1939

Konstanze Vernon, in Berlin, Ballettänzerin, Primaballerina

3. Januar 1969

Michael Schumacher, in Hürth, Rennfahrer und Formel-1-Weltmeister

4. Januar 1932

Carlos Saura, in Huesca, Regisseur

5. Januar 1932

Umberto Eco, in Alessandria/Piemont, Schriftsteller

6. Januar 1933

Emil Steinberger, in Luzern, Kabarettist

7. Januar 1964

Nicolas Cage, in Long Beach, Filmschauspieler

8. Januar 1935

Elvis Presley, in East Tupelo/Missouri, Rocksänger

9. Januar 1908

Simone de Beauvoir, in Paris, Schriftstellerin

10. Januar 1923

Ingeborg Drewitz, in Berlin, Schriftstellerin

11. Januar 1945

Christine Kaufmann, in Lengdorf/Steiermark, Schauspielerin und Autorin

12. Januar 1965

Maybrit Illner, in Berlin,
Journalistin und Fernsehmoderatorin

13. Januar 1940

Dieter Schulte, in Duisburg,
Gewerkschafter

14. Januar 1931

Caterina Valente, in Paris,
deutsche Schlagersängerin

15. Januar1929

Martin Luther King, in Atlanta,
Politiker und Bürgerrechtler

16. Januar 1932

Diane Fossey, in San Francisco,
Ethnologin

17. Januar 1942

Muhammad Ali, eigentlich Cassius Clay, in Louisville, Boxer

18. Januar 1949

Philippe Starck, in Paris, Innenarchitekt und Designer

19. Januar 1943

Janis Joplin, in Port Arthur/Texas, Rocksängerin

20. Januar 1920

Federico Fellini, in Rimini, Filmregisseur

21. Januar 1905

Christian Dior, in Granville, Modeschöpfer

22. Januar 1911

Bruno Kreisky, in Wien,
Politiker und ehemaliger österreichischer Bundeskanzler

23. Januar 1928

Jeanne Moreau, in Paris,
Schauspielerin

24. Januar 1940

Joachim Gauck, in Rostock,
ehemaliger Bundespräsident

25. Januar 1882

Virginia Woolf, in London,
Schriftstellerin

26. Januar 1944

Angela Davis, in Birmingham/Alabama,
Bürgerrechtlerin und Soziologin

27. Januar 1920

Helmut Zacharias, in Berlin,
Violinist

28. Januar 1912

Jackson Pollock, in Cody/Wyoming,
Maler

29. Januar 1954

Oprah Winfrey, in Kosciusko/Mississippi,
Schauspielerin und Moderatorin

30. Januar 1937

Vanessa Redgrave, in London,
Schauspielerin

31. Januar 1938

Prinzessin Beatrix Wilhelmina Armgard van Oranje-Nassau, in Baarn,
Königin der Niederlande

Die Autorin

Liane Dirks brachte bisher sechs Romane, einundzwanzig Herausgaben und zwei Töchter zur Welt. Sie erhielt zahlreiche Stipendien und Preise, lehrte an Universitäten in den USA, in Hildesheim und Düsseldorf, hatte einen festen Rundfunksendeplatz, konzipierte Ausstellungen und Vortragsreihen und brach auch immer wieder reisend aus allem aus, entweder in die weite Welt oder in den eigenen Garten. Zuletzt erschien: *Sich ins Leben schreiben – Der Weg zur Selbstentfaltung* (2015).

www.liane-dirks.de

QUELLENVERZEICHNIS

Johann Wolfgang Goethe: *Sämtliche Werke*, herausgegeben von G. Sauder, München 1985.
Eugen Roth: *Eugen Roth für Zeitgenossen*, München 2002.

ISBN 978-3-99056-041-9

Dessin: William Morris
Gesamtgestaltung und Satz:
Christina Krutz, Biebesheim am Rhein
Druck und Bindung:
Kösel, Altusried-Krugzell

www.sanssouci-verlag.com